JEANNE D'ARC

ET

CHARLES VII

PANÉGYRIQUE
PRONONCÉ DANS LA CATHÉDRALE D'ORLÉANS

LE 8 MAI 1874

Par M. l'abbé Augustin LÉMANN
DU CLERGÉ DE LYON

ORLÉANS
IMPRIMERIE DE GEORGES JACOB
CLOITRE SAINT-ÉTIENNE, 4

1874

In the interest of creating a more extensive selection of rare historical book reprints, we have chosen to reproduce this title even though it may possibly have occasional imperfections such as missing and blurred pages, missing text, poor pictures, markings, dark backgrounds and other reproduction issues beyond our control. Because this work is culturally important, we have made it available as a part of our commitment to protecting, preserving and promoting the world's literature. Thank you for your understanding.

JEANNE D'ARC

ET

CHARLES VII

JEANNE D'ARC

ET

CHARLES VII

Messeigneurs (1),
Messieurs,

Ce n'est point sans une certaine appréhension, je l'avoue, que j'aborde cette chaire pour y entreprendre l'éloge de Jeanne d'Arc. L'intelligent auditoire que j'ai la mission d'instruire n'aurait-il pas à m'apprendre plutôt qu'à écouter? Les nobles exploits de Jeanne d'Arc vous appartiennent en effet, Messieurs. Cette vie illustre, ainsi que l'a dit l'un des meilleurs orateurs qui aient célébré l'héroïne, est comme l'héritage propre de votre cité; chacun de vous

(1) Mgr Dupanloup, évêque d'Orléans; Mgr de la Hailandière, ancien évêque de Vincennes (États-Unis).

en connaît jusqu'au moindre détail (1). Et c'est pourquoi, je le répète, il me siérait mieux d'écouter que d'instruire.

Mais enfin, puisque vous daignez écouter, je voudrais, pour rajeunir votre attention, faire ressortir la vie de Jeanne d'Arc par rapport à un personnage, tantôt laissé dans l'ombre, tantôt défiguré par les historiens : je voudrais faire ressortir la vie de Jeanne d'Arc par rapport à la personne de Charles VII.

Charles VII, Messieurs, était le cinquantième monarque de cette illustre maison de France dont on a pu dire, sans flatterie, qu'elle occupe, dans les siècles chrétiens, parmi les maisons royales, le rang d'honneur tenu par la famille de David au milieu des siècles et des rois du premier Testament.

Il existe, en effet, ce magnifique trait de ressemblance : à la maison de David l'honneur de fournir *le sang* qui deviendra *le corps* adorable du Christ : « *Un rejeton jaillira de la tige de Jessé* (2), » prophétise Isaïe ; et à la maison de France l'honneur de *servir de garde* à l'Église, son œuvre : « *Je vous sacre*, s'est écrié saint Remi, *pour être les perpétuels défenseurs de l'Église.* »

Mais, parce que ces deux maisons furent ainsi prédestinées à de si magnifiques prérogatives, le Seigneur, et c'était justice, s'est montré plus jaloux de leur fidélité.

(1) *Éloge de Jeanne d'Arc*, par Mgr Pie, évêque de Poitiers, p. 6.
(2) Isaïe, XI, 1.

Lorsque les rois de Juda, oubliant la personne du Christ, menaçaient de corrompre par des alliances étrangères ce sang du Rédempteur qu'ils avaient la mission de conserver intact dans leurs veines, Dieu, par des châtiments providentiels, les rappelait aussitôt à *la garde du sang*. Et lorsque les rois de France, oubliant l'œuvre du Christ, inclinaient vers ses ennemis, le schisme ou l'hérésie, il y eut aussi des catastrophes soudaines pour les rappeler à *la garde de l'Église*.

Eh bien, la seconde moitié de notre XIVe siècle avait été, pour la maison de France, l'heure d'un de ces châtiments providentiels.

Elle méritait d'être punie, la défection de Philippe-le-Bel et de ses fils, qui, après avoir insulté à la Chaire de Pierre, avaient osé dire au schisme : Nous serons ta force. Et c'est pourquoi, par de justes représailles divines, le royaume de France, comme le manteau du prophète Ahias (1), avait été déchiré en deux ; et, à l'avènement du pauvre Charles VII, la plus grande partie du territoire se trouvait la proie du roi d'Angleterre, aidé, dans ses conquêtes, par la rébellion d'une partie des sujets.

Ce fut à ce moment que parut Jeanne d'Arc !

Messagère d'un Dieu qui n'avait humilié la couronne de France que pour lui rappeler sa mission de protectrice de

---

(1) III Rois, xi, 11, 12, 29, 30, 31.

l'Église, elle venait la relever par des prodiges et dans l'honneur.

C'est donc de la mission de Jeanne d'Arc par rapport à Charles VII que je vais vous entretenir, Messieurs.

Par l'exposé que je viens de tracer, vous devez voir que ce panégyrique fait suite à celui de l'an dernier. Mon frère a rapproché Jeanne d'Arc des héroïnes juives; il m'arrivera souvent de rapprocher la maison de France, que Jeanne d'Arc est venue soutenir, de la maison de David.

Et tout d'abord, me plaçant au-dessus de tous les partis, je m'empresse de déclarer que mon sujet, ainsi défini, sera respectueux pour tout le monde : c'est une page d'histoire, et pas autre chose.

Quant à mes divisions, elles se trouvent naturellement indiquées par l'histoire :

Charles VII était méconnu, Jeanne d'Arc l'a fait reconnaître;

Charles VII était privé de l'huile sainte, Jeanne d'Arc l'a fait sacrer;

Charles VII était vaincu et dépouillé, Jeanne d'Arc l'a rendu triomphant.

Et pour tout résumer en trois mots :

LE DROIT,

LE SACRE,

LE TRIOMPHE.

Telles seront mes divisions.

MONSEIGNEUR,

Une des ambitions de Jeanne d'Arc, au milieu de ses tristesses à Rouen, était qu'on la conduisît auprès du Pape : « *Menez-moi devant lui,* disait-elle, *et je répondrai tout ce que je devrai répondre.* » Ce que Jeanne d'Arc ambitionnait si vivement, elle l'a enfin obtenu par la piété de celui qui s'est si noblement proclamé son évêque. Dans votre personne, Monseigneur, c'est Jeanne d'Arc qui vient de se présenter devant le Pape, non plus pour se défendre, mais pour être couronnée. En même temps, Votre Grandeur a porté au Saint-Père, dans ses amertumes, une nouvelle protestation *toute puissante* de son dévoûment à la souveraineté pontificale. Je dis *toute puissante,* Monseigneur, bien que votre humilité vous ait fait écrire dernièrement : *trop impuissante.* Car il y a deux choses qui ne périssent jamais ici-bas : le droit et la protestation en faveur du droit. Le droit du Saint-Père, ah ! il obtiendra un jour son splendide triomphe ; et, dans ce triomphe du droit, on n'oubliera pas son éloquent défenseur !

I

LE DROIT

C'était à la fois au dehors et au dedans que Charles VII, Messieurs, se trouvait méconnu.

Au dehors, par l'Angleterre.

Abusant de sa force et de la succession de victoires que vous savez, l'Angleterre avait décidé, au mépris de la modération qu'impose le succès, que la dynastie étrangère des Lancastre remplacerait, en France, la dynastie nationale de Clovis.

Il y a sans doute, et l'Écriture le proclame, un droit de conquête incontestable; mais ce droit de conquête a toujours été tempéré, parmi les nations chrétiennes et jusque chez les nations païennes, par le respect et le maintien des familles royales dans les contrées conquises. Lorsque, sous le souffle des colères divines, un Pharaon de l'Égypte ou un roi d'Assyrie se jetaient sur la Palestine, le roi de Juda devenait vassal; mais ses farouches vainqueurs ne le privaient point ordinairement de la royauté locale; tant était grand, même chez les peuples moins civilisés que nous, le respect du droit et de l'hérédité régulière !

Ce n'était donc que par un abus de la force que l'Angleterre, à la mort de Charles VI, avait fait crier par ses hérauts dans les rues de Paris : « Vive Henri de Lancastre, « roi d'Angleterre et de France !...... » Et ce cri d'humiliation et de servitude, la moitié de la France l'avait écouté sans frémir !

C'est vous dire, Messieurs, que Charles VII, méconnu au dehors, l'était pareillement au dedans.

A la suite de la fatale querelle des Bourguignons et des Armagnac, le duc de Bourgogne, oubliant qu'il était fils d'un combattant de Poitiers, avait tourné ses armes contre sa patrie et contre son roi ; entraînant par sa défection, dans les rangs des Anglais, la ville de Paris et une partie de la noblesse, le Parlement et l'Université.

Or, c'est dans cette défection qu'il faut, sans hésiter, placer, à cette époque, la vraie cause de l'effondrement de la France. Des revers sur les champs de bataille, notre pays en avait connu l'amertume ; mais ces revers, si cruels fussent-ils, dès que le roi de France faisait appel à ceux qu'il se plaisait à nommer *ses fidèles*, vite et glorieusement ils se trouvaient réparés. Cette fois, au contraire, aux désastres du dehors s'étaient ajoutées les trahisons du dedans : il ne faut donc pas s'étonner que l'horizon se montrât si sombre et la situation presque désespérée.

Il y a plus : méconnu par ses sujets, Charles VII l'était jusque dans sa propre famille. Sur la mémoire de Charles VI son père, aucun blâme, Messieurs. Infortuné monarque, la démence l'avait rendu inconscient de ses actes. Mais honte, et honte mille fois à Isabeau de Bavière, mère dénaturée qui, apportant sur le trône de France l'intrigue et l'impudeur d'Athalie sur le trône de Juda, osa, par un meurtre moral, plus détestable que l'effusion du sang, désavouer la naissance de son propre fils et livrer à l'Angleterre, par l'indigne traité de Troyes, la main de sa fille et la couronne de France !

Ai-je tout dit des méconnaissances du dedans ?

Non ! Car, pour comble de malheur, Charles VII se méconnaissait et ne croyait plus à lui-même.

Blessé au cœur par le doute ignominieux lancé contre sa naissance, et croyant voir dans les grandes calamités qui le frappaient comme un avertissement du ciel de déposer la couronne, un jour que la légèreté de son caractère avait fait place à une sombre tristesse, seul, dans son oratoire, il avait fait cette prière, non pas des lèvres, mais seulement du cœur, tant il craignait d'être entendu et de s'entendre lui-même : « *Si je ne suis pas le véritable hé-* « *ritier, issu de la maison de France, qu'il vous plaise, ô* « *mon Dieu, de me faire échapper sans mort ni prison* « *et trouver un refuge en Espagne ou en Écosse.....* »
Messieurs, qui de nous, dans son enfance, instruit par ses

livres classiques à ne voir dans cette prière qu'un manque de cœur, n'a pas accusé Charles VII de désertion à la cause nationale? Un roi de France, en effet, ne doit-il pas vouloir, comme Louis XIV, s'ensevelir sous les ruines de la monarchie? Mais, pour ma part, aujourd'hui parvenu à l'âge d'homme, et de plus éclairé par les intrigues d'un siècle de convoitises, qui a vu tant de fois usurper des couronnes aux applaudissements d'une Europe qui ne reconnaît plus le droit, me reportant au XVe siècle, je m'attendris devant cette délicatesse royale, devant ce jeune prince de vingt-deux ans, faible et léger, c'est vrai, mais loyal, qui, un jour, par scrupule, demandait à Dieu de lui faire descendre les degrés du trône plutôt que de l'occuper contre la sainteté du droit!

Dépossédé par l'Angleterre, trahi par ses sujets, désavoué par sa propre mère, ne croyant plus à lui-même, voilà, d'après l'histoire, l'abîme de méconnaissance où gisait Charles VII.... C'était, sur sa tête, la nuit entassée sur la nuit.

Eh bien! c'était aussi dans une pareille extrémité que le Dieu de David et de saint Louis avait décidé de le faire reconnaître.

Écoutez, Messieurs :

Lorsque Dieu, autrefois, se voyait contraint de châtier quelqu'un des descendants de David; lorsque le sol de Jérusalem tremblait et que le trône de nos vieux monarques menaçait de s'effondrer dans l'abîme, tout à coup, par un revirement inattendu, le roi de Juda désespéré se voyait raffermi sur son trône. Que s'était-il donc passé dans les conseils de Dieu, et qui avait motivé cette intervention soudaine de sa miséricorde ? Le voici ; il s'en est expliqué lui-même : « *Le trône de David, je l'ai établi stable comme un jour du ciel.... Si ses descendants profanent mon alliance, s'ils ne marchent plus dans mes justices, c'est avec la verge que je visiterai leurs iniquités, et avec des fouets que je corrigerai leurs fautes. Mais ma miséricorde, je ne la retirerai point de dessus d'eux, car je l'ai juré à David, et ma bouche ne lui mentira pas : Semel juravi in sancto meo, si David mentiar* (1). » Lors donc qu'il appesantissait son bras vengeur, Dieu, tout à coup, avait vu passer devant son regard la figure de David et les origines de la maison de Juda, et alors, arrêtant brusquement sa justice, à cause de son grand serviteur, *propter David* (2), il relevait dans sa miséricorde, et, s'il le fallait, par des prodiges, ce trône de Juda qu'il avait été contraint d'abaisser.

Pareille chose, au XVe siècle, se passait, dans les conseils de Dieu, en faveur de la Maison de France.

---

(1) Ps. LXXXVIII.
(2) *Noluit Dominus disperdere Judam, propter David servum suum, sicut promiserat ei.* (IV Rois, VIII, 19.)

Je vais, Messieurs, l'établir par vos annales ; les paroles en sont précises et authentiques.

Voici d'abord que saint Louis et Charlemagne se sont, au ciel, présentés devant Dieu : « *Gentil Dauphin, je vous dis que Dieu a pitié de vous, de votre royaume et de votre peuple, car saint Louis et Charlemagne sont à genoux devant lui, en faisant prière pour vous.* »

Voici qu'à la suite de cette prière, le plus beau des archanges, celui que la Bible décore du titre de *Prince de Judée* (1) et que les rois très-chrétiens ont nommé *Prince du royaume de France*, l'archange saint Michel, est envoyé de Dieu : « *Je suis l'archange Michel; je te viens commander de la part du Seigneur.* »

Voici qu'il s'arrête à une humble bourgade dont le nom significatif, *Domremy*, était celui du grand évêque qui avait sacré Clovis et sa descendance.

Voici que, pour raffermir le trône ébranlé de Charles VII, c'est d'une femme qu'il est fait choix, parce que la prière d'une femme avait, à l'origine, cimenté le trône du premier roi de France.... Charles VII, toi le désespéré et le méconnu, lève la tête et réconforte ton cœur ; les portes du château de Chinon s'ouvrent : voici Jeanne d'Arc !

Messagère de Dieu, son premier acte sera, en présence des sujets, l'affirmation des droits de Charles VII.

C'est dans la grande salle du château, en ce moment

(1) Daniel, x, 21.

éclairée par cinquante torches, et où se pressent plus de trois cents personnes. Pour mettre à l'épreuve l'humble bergère, Charles VII a dépouillé ses habits royaux et quitté ses insignes. Il affecte de se confondre au milieu de la foule, caché par des seigneurs magnifiquement vêtus. C'est volontairement que, dans cette circonstance, il est descendu de son rang. Mais, sans s'en douter, il a exprimé la situation que lui ont faite des sujets rebelles. Oui, la trahison l'a fait descendre; elle l'a presque confondu parmi ses sujets. Mais Jeanne va droit à lui, à travers la foule : « *En nom Dieu, gentil prince, vous êtes le Roi, et pas un « autre !* »

Cette scène, ces paroles, je les avais, Messieurs, déjà lues dans notre Bible, avant que de les rencontrer dans votre histoire de France. Lorsque, envoyé pareillement de Dieu, Samuel cherchait David, parce que David était petit de taille, comme votre Charles VII l'était par la fortune, ce ne fut point lui, mais ses sept frères, que leur père présenta successivement pour la couronne. Mais, éclairé d'en haut, l'homme de Dieu ne s'y trompa point. Comme votre Jeanne d'Arc, il écarte : *non elegit Dominus,* ni celui-ci, ni celui-là. Mais devant David, il se lève : *Ipse est,* « *Voilà le Roi d'Israël !* »

« Vous êtes le roi, et pas un autre ! » C'était, sur les lèvres de Jeanne d'Arc, la déclaration solennelle des droits de Charles VII, et la justice outragée qui relevait sa tête.

A ces accents révélateurs, tous les courtisans tressaillirent. Bientôt, répétées de bouche en bouche, ces paroles voleront dans toutes les directions, et, en moins de deux mois, presque toute la chevalerie du royaume marchera ralliée à la suite de Charles VII.

Mais les murs de Chinon furent témoins d'autres prodiges. Il fallait que Charles VII, qui se méconnaissait lui-même, crût en son nom et en son droit. Il fallait que le doute flétrissant, imaginé contre sa naissance, fût arraché de son esprit. Et c'est pourquoi, toujours dans la grande salle où elle a été introduite, Jeanne le prend à part, et lui révélant le secret de son cœur, cette prière inconnue de tous et qui n'avait pas même passé par ses lèvres, avec un accent solennel, au roi ébahi d'abord, mais bientôt rayonnant de joie comme à une révélation de l'Esprit-Saint : « *Je te dis de la part du Seigneur que tu es vrai « héritier de France et fils de roy.* » — Isabeau de Bavière, lorsqu'on vous rapportera ces paroles, qu'elles vous flagellent comme un remords et confondent vos intrigues. C'est un ange de Dieu qui venge l'honneur d'un fils outragé par sa mère; et le doute, imaginé par la dépravation, voici que la virginité le répare!

Restaient les Anglais, méconnaisseurs au dehors. Ce sera par un message que Jeanne d'Arc leur notifiera les droits de Charles VII : « *Roi d'Angleterre, et vous, duc de Beth-* « *fort qui vous dites régent le royaume de France,*

« *faites raison au roi du Ciel de son sang royal...... Et*
« *n'ayez point en votre opinion que vous tiendrez jamais*
« *le royaume de France, ains (mais) le tiendra le roi*
« *Charles, vrai héritier. Car Dieu le veut ainsi et lui est*
« *révélé par la Pucelle.* » Mais avec des gens enivrés de
leurs succès, des paroles, même inspirées, ne pouvaient
suffire. Pour les amener, non point à rendre justice, mais
à prêter simplement attention aux réclamations du droit,
il fallait plus que des paroles, il fallait des actes et quelque
grand signe. Ce signe, ils ne l'attendront pas longtemps.
Orléans, que depuis sept mois ils enserraient étroitement,
sera, en une semaine, débloquée par la Pucelle. Et ceux
qui avaient refusé de se rendre à l'invitation du message
apprendront désormais en lettres de sang que ce n'est
point l'étranger, Henri de Lancastre, mais le Dauphin,
Charles de France, qui a, seul, sur le trône de saint Louis
et de Charlemagne, les titres imprescriptibles que lui
confère le droit.

C'est ainsi, Messieurs, que Jeanne d'Arc proclama
Charles VII : à Chinon, devant ses sujets, par des accents
enthousiastes et révélateurs ; à Orléans, en face des Anglais, dans un message signé par la victoire.

Partisan obscur, mais passionné, de l'unité et de la
grandeur de la France, j'ai tenu, avant que de parler du
haut de cette chaire, à aller méditer et prier dans ce Chinon, témoin des accents de Jeanne d'Arc. Hélas ! du

château je n'ai trouvé que des ruines. Et tandis qu'attristé et rêveur, j'essayais, par un effort de l'esprit, de reconstruire et de repeupler ces ruines, au loin, et c'était avec épouvante, mon regard se heurtait à d'autres ruines, les ruines morales et matérielles de la France, et plus loin encore, dans l'Europe entière, aux ruines du droit, sous les coups de la force..... « Ah ! si Jeanne d'Arc pouvait « nous revenir ? » Ce fut instinctivement le cri qui s'échappa de mes lèvres: « Si Jeanne pouvait nous re-« venir ? » Mais comprenant bien vite que la grâce et la mission d'une Jeanne d'Arc, un peuple ne les reçoit qu'une fois, je suppliais le Seigneur que du moins, dans sa miséricorde, il daignât rendre à notre infortuné pays le bienfait apporté par Jeanne d'Arc, le bienfait de l'unité et de l'espérance : l'unité qui fait cesser les divisions entre des cœurs si bien doués pour s'entendre ; l'espérance qui fait entrevoir la résurrection d'une patrie si tendrement aimée de tous. L'unité des Français et la résurrection de la France, ah ! le bienfait de Jeanne d'Arc, mon Dieu ! rendez-le-nous... Nous n'avons plus Jeanne d'Arc, notre sœur, mais il nous reste la France, notre mère. Et si nous ne pouvons plus, comme les chevaliers à Chinon, nous presser autour de la guerrière, pressons-nous tous autour de notre mère expirante, pour lui faire un rempart de nos corps et la sauver par notre unité !

II

LE SACRE

Le droit proclamé, Jeanne d'Arc, Messieurs, veut s'élancer vers Reims. Le sacre, c'est, par rapport à Charles VII, le second objet de la mission de l'héroïne. « *Je viens de la part du Roi des cieux pour mener le roi* « *à Reims, afin qu'il y soit couronné et sacré.* »

Mais voici qu'un obstacle inattendu se dresse pour lui barrer le passage. Tout d'abord la généreuse et ingénue jeune fille le regarde avec stupéfaction. Car l'obstacle qui menace sa mission et qui ne fut jamais venu à sa pensée candide, cet obstacle, hélas! c'est la jalousie et la faiblesse de ceux qui conseillent le roi. Ah! n'est-elle pas en droit de s'étonner et de ne rien comprendre à leur langage peu franc et pusillanime, cette jeune vierge uniquement habituée au langage franc et décidé de ses *voix ?* Elles lui ont dit, ses voix du Ciel : « Va, et « mène le roi à Reims ! » Et maintenant, dans l'entourage de Charles VII : « A Reims ! mais y pensez-vous ? « Ne savez-vous point que le pays est sillonné de troupes « anglaises ? Ignorez-vous la grande distance qui nous

« sépare de Reims ? » D'autres ajoutent : « Et puis,
« pour soudoyer l'armée nécessaire à un tel voyage,
« il faudrait de l'argent ; or, le roi n'en a point. »
Quelques-uns, plus chevaleresques et peut-être moins
jaloux : « Sans doute, il serait fort à désirer que le roi
« fût sacré, mais mieux vaudra plus tard. Actuellement,
« ce qui importe davantage, c'est d'achever la déroute des
« Anglais. » Bref, il y avait, parmi les favoris, unanimité
pour l'ajournement du sacre. Mais bientôt revenue de sa
surprise, Jeanne d'Arc presse et insiste : « *Je suis fort
« aiguillonnée touchant cette chose*, répétait-elle ; *c'est
« pour cela que je suis née.* » Devant son insistance,
tout ce qu'on consent à accorder, c'est qu'elle donnera un
nouveau signe de sa mission par une campagne sur la
Loire, et qu'on verrait ensuite. En huit jours le signe
demandé est sous les yeux de tous : Jeanne a victorieuse-
ment terminé la campagne. Il semble que la jalousie va
faire place à l'enthousiasme ! Eh bien, non, Messieurs, les
favoris en sont encore à sonder l'eau et à tâter la terre.
Enfin, n'y tenant plus, impatiente de tous ces délais,
Jeanne d'Arc entre brusquement un jour dans la salle du
conseil, et se jetant aux pieds de Charles VII : « *Gentil
« Dauphin, ne tenez plus tant et de si longs conseils,
« mais venez au plus tôt à Reims pour recevoir votre
« digne couronne.* »

Et comme Charles VII hésitait lui-même, Jeanne d'Arc
se mit à pleurer...

O Jeanne, laissez-moi vous contempler surtout dans vos larmes !

Larmes de la messagère de Dieu, vous coulâtes avec tristesse et abondance, bien qu'il ne s'agît alors que d'un délai qu'on voulait apporter au sacre. O Jeanne, quelles seraient donc vos larmes aujourd'hui si, vivant à notre époque, il vous était donné d'apercevoir que, chez toutes les nations du Christ, le sacre du pouvoir a été rejeté comme une institution vieillie qui a fini son temps !

Vous avez pleuré, ô Jeanne ; mais aujourd'hui ce sont les rois, ce sont aussi les peuples qui, dans leurs malheurs, continuent, depuis un siècle, le ruisseau de vos larmes !

Oui, ils ont pleuré, les rois, dès que, par incrédulité, ils eurent renoncé à l'huile mystérieuse du sacre. Quel en était donc, Messieurs, le bienfait sur leur front ?

Le sacre avait ce grand effet qu'il faisait descendre Jésus-Christ dans leur personne. Assurément, et je le dirai bien haut, ce n'est point le sacre de l'Église, mais l'élection à l'origine et la naissance ensuite qui font les rois. Mais, le roi proclamé, Jésus-Christ par le sacre venait à lui, le couvrait de son ombre, lui conférait une particulière majesté ; le droit ou l'élection avait fait le souverain, et le sceau de l'Église le consacrait. « Et la consé-
« quence de l'onction de l'Église, » a dit, dans un magnifique langage, le P. Lacordaire, « c'est que le prince, aux
« yeux des peuples, devenait le mandataire de Jésus-Christ ;

« on n'obéissait plus seulement à l'homme, mais à Jésus-
« Christ lui-même, présent et vivant dans celui que
« l'huile sainte avait touché.... La vénération se joignait
« à l'obéissance ; le respect et l'amour allaient le cher-
« cher naturellement. Le peuple pardonnait des fautes
« au prince, comme l'enfant pardonne des faiblesses à
« son père. Le souverain avait foi dans son peuple, et le
« peuple avait foi dans son souverain. Ils croyaient l'un
« à l'autre ; ils s'étaient donné la main, non pour un
« jour, mais devant Dieu et pour tous les siècles, au nom
« des morts et des vivants, au nom des ancêtres et de
« la postérité. Le prince descendait tranquille dans la
« tombe, laissant ses enfants à la garde de son peuple,
« et le peuple, les voyant petits et sans force, les gardait
« en attendant d'être gardé par eux (1). »

Le sacre de l'Église était donc un bienfait pour les princes. Mais depuis que, par incrédulité, ils ont renoncé au sacre de l'Église..... les larmes de Jeanne d'Arc ont passé dans leurs yeux.

On a eu beau déclarer, du haut de la tribune et dans la presse, leur personne inviolable et sacrée. Je vous le demande : est-il possible de *rendre sacré* sans un *sacre ?* Et c'est pourquoi la majesté royale a été violée, les sceptres sont tombés brisés. Que voulez-vous? Tant que le bouclier

---

(1) *Conférences*, t. III, pp. 173, 177, 178. Le P. Lacordaire a dit encore : « La grande affaire n'est pas la naissance du pouvoir ; c'est surtout son sacre. »

— 24 —

de Dieu apparaissait au-dessus des trônes et son sceau sur le front des rois, les peuples, contenus par le respect, comme David en présence de Saül, seul et désarmé dans la caverne d'Engaddi, se disaient, quels que fussent leurs griefs : « *Dieu nous garde de porter la main sur notre « maître, parce qu'il est l'oint du Seigneur* (1) ! » Mais depuis que le caractère sacré a disparu avec l'onction de la sainte ampoule ; depuis que, cédant aux instances de l'incrédulité, les princes ont renoncé à l'auréole que leur conférait le sacre, les peuples, qui n'étaient plus contenus par la vision de Dieu, se sont trouvés sans ménagement. Et les rois ont pleuré ; et elle s'est réalisée, cette parole du comte de Maistre, l'une des plus profondes prononcées dans ce siècle : « *Les princes « se sont laissés ramener sur la terre ; ils ne sont plus que « des hommes* (2). »

Mais les peuples, eux aussi, ont pleuré.

Car ils avaient, tout comme les rois et plus que les rois, un intérêt suprême à la réception du sacre. Adalbéron, archevêque de Reims, l'a dit lors de la consécration d'Hugues Capet : « *Le couronnement d'un roi de France « est un intérêt public, et non une affaire particulière, « publica sunt hæc negotia, non privata.* » Intérêt public, Messieurs ! Car c'était au moment où il courbait la tête devant la majesté de Dieu et sous l'onction du chrême,

(1) Rois, liv. I, ch. XXIV, v. 7, 11.
(2) *Du Pape*, p. 176.

que l'Église, protectrice des petits et des faibles, rappelait au prince que nul n'est grand s'il n'est petit à ses propres yeux ; que commander c'est servir, et, conséquemment, que « le royaume n'est pas pour le roi, mais le roi pour « le royaume (1). » Tandis que, dans l'antiquité, les chefs des nations, dominant par la force, ne gouvernaient que pour eux-mêmes ; dans la société chrétienne, s'oubliant eux-mêmes et régnant sur les cœurs, ils ne doivent être que les ministres de Dieu et les serviteurs des peuples : « Prends ce sceptre, » disait au prince l'archevêque consécrateur : « c'est l'emblème du pouvoir sacré qui t'est « confié pour protéger le faible, soutenir celui qui chan- « celle ; qu'il t'apprenne à aimer la justice et à détester « l'iniquité (2). » Recommandations tout à l'avantage du peuple ; elles n'étaient, sur les lèvres de l'Église, que le commentaire de cette sublime définition de l'autorité, donnée un jour par Jésus-Christ : « *Ceux qui gouvernent* « *les peuples font peser leur domination. Il n'en sera point* « *ainsi parmi vous. Mais quiconque aspirera à devenir* « *plus grand, devra servir ; quiconque voudra être le* « *premier, sera le serviteur de tous. Car le Fils de l'homme* « *n'est pas venu pour être servi, mais pour servir* (3). »

Voilà, Messieurs, comment le sacre de l'Église était pour les peuples, et peut-être plus que pour les rois, une insti-

---

(1) S. Thomas d'Aquin, *De Reg. princ.*, cap. II.
(2) *De benedictione et coronatione regis,* dans le Pontifical romain.
(3) S. Marc, x, 42-45.

tution heureuse. Mais depuis qu'ils ont été instruits à s'en railler, et qu'ils ont voulu des rois affranchis du sacre de l'Église, les peuples ont gémi.... car les larmes de Jeanne d'Arc avaient passé dans leurs yeux.

Autrefois ils poussaient des cris d'allégresse, lorsqu'à l'issue du couronnement on lâchait des oiseaux dans l'église, toutes les portes ouvertes : image gracieuse de nos franchises et de nos libertés. Mais depuis qu'il n'y a plus de sacre, voici que la liberté a replié ses ailes, et les portes se sont fermées sur nos franchises emprisonnées. Et tandis qu'autrefois princes et sujets avaient entendu, dans ces vieilles basiliques de Reims, de Westminster, de Cologne, de Tolède, une voix du ciel qui leur recommandait la paix, l'union, la miséricorde; depuis qu'on a méprisé et la voix du ciel et le sacre de l'amour, ce sont des sanglots qu'on a entendus sur la place publique et dans le palais des rois : des rois sans Dieu inclinaient vers le despotisme, et des peuples sans Dieu leur répondaient par la révolte !

Messieurs, Messieurs, Jeanne d'Arc avait raison de pleurer, et Charles VII, mieux avisé, se rendit à ses larmes.

Il partit pour Reims; et Dieu, par de secrets ressorts, fit disparaître tous les obstacles invoqués et grandis par la jalousie. Car bien que les Anglais, ainsi que cette jalousie l'avait objecté, sillonnassent en effet les routes ; bien que des places fortifiées, comme Auxerre, Troyes, Châlon, eussent fait savoir qu'elles fermeraient leurs portes, pas une goutte de sang françois ne fut répandue, et les ponts-levis s'abaissèrent, comme d'eux-mêmes, selon la prédiction de la messagère de Dieu.

Et maintenant, ville antique de saint Remi, berceau du royaume très-chrétien, ouvre tes portes! ouvre-les au fils de saint Louis, qui vient dans tes murs pour y jurer de se consacrer au bonheur de son peuple.

Quelque imposante que fût la cérémonie, elle n'eut pourtant point, racontent les chroniques, parce qu'on fut obligé de la faire à la hâte, elle n'eut pourtant point la magnificence accoutumée... On entendait dans l'avenir le bruit de la lutte, et il y manquait plusieurs des enfants égarés de la France.

Mais si le sacre de Charles VII n'égala point en magnificence le sacre de ses pères, il y eut une splendeur que ses ancêtres n'avaient point connue. Debout, en avant des douze pairs qui entouraient l'autel, un ange de Dieu se tenait aux côtés du roi : Jeanne d'Arc, sa bannière à la main ! En l'apercevant, tous les yeux se mouillèrent de larmes, mais cette fois rafraîchissantes comme la rosée, ainsi qu'autrefois en Israël, lors de la consécration du second Temple, au sortir de la captivité. Cette seconde dédicace du Temple et de la patrie juive n'égalait point non plus la magnificence de la première consécration : Salomon n'était plus; les cèdres du Liban avaient refusé de prêter leur concours; les parfums de Saba et l'or de Chalcis apparaissaient moins abondants. Mais toutes ces absences,

Dieu les avait compensées par un éclatant prodige : le feu sacré, qui, durant tous les siècles du premier Temple, avait brûlé, sans jamais s'éteindre, en face de l'arche d'alliance; le feu sacré, en place duquel on n'avait plus retrouvé qu'une boue obscure et noirâtre au fond du puits desséché où l'avaient caché les Lévites, avant de prendre le chemin de l'exil ; le feu sacré, après soixante-dix ans d'étouffement, venait d'être miraculeusement rallumé en présence de tout Israël. Car, au-dessus de cette boue apportée et étendue sur l'autel des holocaustes, à la voix des prières et des sanglots du grand-prêtre, le soleil, qui se souvenait de Josué, le soleil avait déchiré la nue. Au contact de ses rayons, la boue s'était enflammée, le feu sacré brillait de nouveau ! Et aussitôt, succédant aux regrets, avaient éclaté mille cris d'allégresse : la seconde dédicace du Temple et de la patrie juive, inférieure à la première dans les pompes de la terre, ne lui cédait en rien dans les grâces du ciel (1). Or, ces cris de joie qu'ont entendus mes pères et qui firent tressaillir toutes les collines de Sion, vos ancêtres, Messieurs, les ont entendus à leur tour, à la seconde consécration de la royauté et de la patrie française, sous les voûtes émues de la cathédrale de Reims... L'amour de la patrie, ce feu le plus beau d'ici-bas après celui qui brûle sur nos autels devant la face de Dieu; l'amour de la patrie, par la prière et les larmes de Jeanne d'Arc, venait

(1) II Machab., I, 18-36.

de s'élancer, vivant, de la boue et des malheurs où on avait cru l'étouffer. Il apparaissait à tous les regards radieux, vivant, ressuscité. Et tandis que la majestueuse sonnerie des cloches, unie aux cris mille fois répétés de : Noël! ébranlait au loin les airs, des feux de joie sur les montagnes, symbole de la grande flamme ressuscitée dans les cœurs, apprenaient aux Anglais, interdits et tremblants, que désormais il ne devait plus être question du *roi de Bourges*, parce qu'il y avait un *roi de France !*

III

LE TRIOMPHE

Charles VII a reçu sa digne couronne ; il va maintenant rentrer en possession de tout son royaume : « *Gentil* « *prince,* lui a dit Jeanne d'Arc, *vous êtes vrai roi et* « *celui auquel le royaume doit appartenir* » — « *Vous,* « *Anglais, je suis cy venue de par Dieu le roi du ciel,* « *corps pour corps, pour vous bouter hors de France.* »

A l'aide de quelle stratégie et par quels exploits les Anglais furent en effet jetés hors de France, il serait, Messieurs, intéressant de le contempler en suivant la Pucelle sur les champs de bataille. Mais, au milieu des préoccupations de l'heure présente, alors que l'Europe entière se trouve transformée en un vaste arsenal, mieux vaudra dire les armes adoptées par Jeanne d'Arc pour assurer le triomphe.

Ses armes furent de trois sortes.

La première : *Un humble recours à Dieu.*

Le recours à Dieu ! De toutes les armes de guerre, c'est, Messieurs, la mieux trempée et la plus redoutable. Il y a longtemps que l'Écriture l'a dit, nommant le Seigneur : *le Dieu des batailles rangées d'Israël* (1). C'est Lui qui brise les arcs et qui casse les lances. Son bras met en poudre les chars de guerre des héros, et, devant son regard, les bataillons s'anéantissent comme la cire fond devant le regard du feu.

Il faut Dieu pour vaincre !

Dieu, d'abord, dans les conseils de guerre, pour y inspirer aux chefs tantôt les tactiques prudentes, et tantôt les résolutions décisives. Ce fut la pratique constante de Jeanne d'Arc : « *Vous avez été en votre conseil,* disait-elle « un jour, *et moi j'ai été au mien; et croyez que le conseil* « *de Dieu s'accomplira et tiendra ferme, et que cet autre* « *conseil périra.* »

Dieu, ensuite, au milieu de la mêlée, dans les rangs des soldats; car si « *les gens d'armes bataillent,* » ajoutait

---

(1) *Venio ad te in nomine Domini exercituum, Dei agminum Israel.* (I Rois, XVII, 45.)

Jeanne d'Arc, « *c'est Dieu qui donne la victoire.* » Il importe donc, ainsi que l'avait encore prescrit notre héroïne, qu'une armée en campagne ne soit jamais dépourvue de la présence et de l'action du prêtre. Et qu'ils ne crient point à l'inutilité de cette présence, nos sceptiques anti-français! Un étranger, qui a aimé la France plus qu'ils ne l'aiment, les rappellerait bien vite au respect et à plus de patriotisme. « *Ils sont parents*, disait-il, *le prêtre et le soldat français* (1)! » Oh! merci, merci au nom de tous les soldats français et de tous les prêtres de la France; merci à vous, noble comte de Maistre, d'avoir écrit cette parole. Oui, nous sommes parents; oui, il est mon frère le soldat du beau pays de France, et moi, prêtre de Jésus-Christ, je suis le sien. Ensemble nous avons lutté d'héroïsme, ensemble nous avons parcouru le monde. Mais si, rapprochés l'un de l'autre, nous étions invincibles, car « le frère aidé de son frère, c'est une cité forte (2); » chaque fois qu'on nous a séparés, à moi prêtre, tenu à distance et dans la tristesse, il me manquait de partager les privations, les périls de mon frère; et à lui, sous la tente, il manquait mon serrement de main, ce serrement de main qui lui rappelait le clocher du village, notre petite sœur, notre vieille mère; et sur le champ de bataille, aux prises avec la mort, il lui manquait l'absolution du prêtre. O France, France, ne sépare donc jamais tes enfants! Il a besoin du

(1) De Maistre, *Soirées de Saint-Pétersbourg*, t. II, p. 300.
(2) Proverb., xviii, 19.

prêtre, le soldat français; il a besoin de s'entendre dire, en s'élançant au combat, que ce n'est point un malheur que de mourir sur un champ de bataille, et que le martyre est là, si la foi sait éclairer le courage : « Enfants, voilà l'en-
« nemi; marchez, je vous remets tous vos péchés ! » C'est là ce qu'entendirent les soldats de Jeanne d'Arc, mais aussi leur courage ne connaissait point de bornes ; et si les Anglais « *eussent été pendus aux nues,* » dans leur élan ils les y eussent été chercher. Et quant à elle, si elle n'avait été soutenue par une inébranlable foi dans le « Dieu des « armées, » jamais la tranquille jeune fille de Vaucouleurs, lorsque, du haut de ses pacifiques collines, elle jeta un regard libérateur sur sa France bien-aimée, jamais Jeanne d'Arc n'eût osé s'engager dans une lutte aussi inégale, jamais elle n'eût osé dire aux puissantes armées qui assiégeaient la France de toutes parts : Oui, je combattrai contre vous, et je remporterai la victoire; je communiquerai à tous les Français le devoir sacré de vous faire une guerre infatigable, et le Roi parviendra un jour à vous repousser du pays que vous avez usurpé, du sol que vous profanez par votre présence.

Recours à Dieu, première arme de Jeanne d'Arc. Deuxième arme : *un étendard.*

Elle disait de lui : « *J'aime bien mon épée, mais j'aime* « *quarante fois plus mon étendard.* »

L'étendard de Jeanne d'Arc, ah ! tout Français doit, comme elle, l'aimer quarante fois. Mais, pour vous, ô Orléanais, votre amour a été plus vaste. Vous l'aimez non pas quarante fois, mais quatre cents fois, puisque depuis quatre cents ans, fidèlement et magnifiquement, chaque année, vous le portez en triomphe !

Le triomphe, assurément, il n'est point seul à l'avoir mérité ; d'autres, comme lui, ont été à la peine. C'est le drapeau de l'Autriche qui sauva la chrétienté dans les eaux de Lépante, et la bannière de Castille qui déploya le nom de l'Europe, ses lumières, son génie parmi les races attardées de l'Amérique. Honneur à tous ces étendards ; ils ont été à la peine ! Mais celui de Jeanne d'Arc, avec la peine et la patrie sauvée, il y a quelque chose de plus qui le consacre : c'est que Dieu lui-même, ainsi qu'elle l'a déclaré à ses juges, Dieu lui-même en prescrivit l'étoffe, les noms et les peintures (1). Apporté du Ciel et fatigué à la peine, de cet étendard voilà les titres ! Lorsque Constantin eut vaincu par le *Labarum*, il ordonna que le Labarum dominât les aigles et que trois cents chevaliers, nommés *la légion d'or*, lui servissent de garde. Pour porter et défendre

---

(1) *Interrogata quis fecit sibi facere illam picturam in vexillo respondit: Ego vobis satis dixi quod nihil feci nisi de præcepto Dei.* (Procès de condamnation et de réhabilitation de Jeanne d'Arc, dite la Pucelle, publiés par Jules Quicherat, t. I, pp. 78, 117, 181.) — *Interrogata utrum, quando ivit Aurelianis, habebat vexillum, gallice* estendart ou bannière, *et cujus coloris erat: respondit quod habebat vexillum cujus campus erat seminatus liliis ; et erat ibi mundus figuratus et duo angeli a lateribus eratque coloris albi de tela alba vel boucassino, erantque scripta ibi ista nomina Jhesus Maria.* (Procès, etc., t. I, p. 78.)

l'étendard de Jeanne d'Arc, *Labarum de la France*, le pays tout entier doit être une *légion d'or!*

C'est à sa suite, de Blois à Orléans, d'Orléans à Patay, de Patay à Reims, que les soldats de Charles VII, vos pères, Messieurs, s'élancèrent de la confiance jusqu'à l'enthousiasme. Ils chantaient, marchant aux Anglais :

> Ung de nous en vault mieux que cent,
> Soubz l'étendart de la Pucelle.

Il semblait assuré, le triomphe de Charles VII. Mais ce n'était qu'à l'aide d'une troisième arme que Jeanne d'Arc le devait rendre définitif. Depuis que Jésus-Christ a fait du *sacrifice* l'instrument de ses triomphes, ce n'est, pareillement, qu'à travers les contradictions et par la mort que ses lieutenants consomment leur œuvre.

Les contradictions, Jeanne d'Arc les avait connues dès le début de sa mission; et si je n'en ai presque rien dit jusqu'à cette heure, c'était pour ne point assombrir, dans leur splendide relief, ses magnifiques travaux au service de Charles VII. Elle n'en disait rien elle-même, supportant tout avec patience : méprisée d'abord comme visionnaire, repoussée comme intrigante, exorcisée comme démoniaque, elle eut toujours à souffrir de la jalousie tenace des favoris. Longtemps dissimulé, ce ne fut qu'après Reims, devant Paris, que ce bas sentiment fit explosion. Après une attaque, manquée par leur faute, les favoris firent lever le siége, nonobstant les supplications de la Pucelle. Pour la première fois Jeanne d'Arc rebroussa donc chemin ; mais, dans son ardent désir de rendre à son Roi sa capitale, la tristesse dans l'âme, elle pouvait dire comme Dieu, autrefois, de Jérusalem : « Paris, Paris, *je t'ai gravée sur mes mains, et tes murailles me sont jours présentes* (1). » En vain s'efforça-t-elle de faire revenir l'armée devant ses murs. Cette fois la jalousie des seigneurs l'emporta, auprès du Roi, sur le patriotisme de Jeanne. Et c'est pourquoi, laissant aux favoris leur rôle de parade, un jour elle quitte furtivement la cour, se rend à Compiègne, alors menacée par l'ennemi. Depuis plusieurs jours ses voix du Ciel lui répétaient qu'avant la Saint-Jean elle serait prise. L'heure était venue où ne pouvant, selon son expression, achever le triomphe par *le bout de la lance*, elle allait l'assurer par le sacrifice et l'effusion du sang.

Messieurs, il n'entre point dans mon cadre de raconter dans ses détails la passion de Jeanne d'Arc. Je m'en félicite, par un sentiment de réserve à l'égard de nos anciens coréligionnaires.

Fils de ce peuple qui dressa la croix sur le Calvaire, je n'aurais pu décrire la place du Vieux-Marché de Rouen, son bûcher, la victime et ses souffrances, sans voir se dessiner, à travers les flammes, les scènes sanglantes du Gol-

---

(1) Isaïe, XLIX, 16.

gotha, vision qui eût troublé ma pensée, en me rappelant notre faute nationale.

Je me bornerai donc à un rapprochement. En clouant le Fils de Dieu à la croix, nous espérions, insensés que nous étions, interrompre brusquement son œuvre. Mais voici que, à notre stupéfaction, nous avons vu se dresser triomphants devant nous, non plus seulement Jésus-Christ, mais l'Église. Parce qu'il avait livré sa vie en holocauste, le *Christ* s'était agrandi de la *chrétienté !*

Ainsi en fut-il pour Jeanne d'Arc : « *Je sais bien que* « *les Anglais me feront mourir, parce qu'ils croient pou-* « *voir s'emparer de la France après ma mort ; mais* « *seraient-ils cent mille de plus, ils n'auront pas le* « *royaume.* » Lorsque, sept ans plus tard, Charles VII, devenu le *Victorieux*, entrait triomphant dans Paris, c'était le sang de Jeanne d'Arc qui achevait son triomphe. L'*action* de la Pucelle lui avait donné Orléans; sa *passion* lui avait rendu la France !

Et maintenant que j'ai exposé, avec grands détails, l'héroïsme des dévoûments de Jeanne d'Arc au service de Charles VII, n'attendez-vous point, Messieurs, de mon impartialité que je dise aussi ce que fut la reconnaissance de Charles VII à l'égard de Jeanne d'Arc ?

Quel que soit le jugement que la justice m'obligera d'émettre, vous me permettrez de faire observer, d'abord, que ce jugement, pour être équitable, doit se restreindre à la première partie du règne de ce prince. Nul ne saurait oublier, en effet, que, transformé dans la seconde partie de son règne, Charles VII, par ses succès militaires, sa fermeté et sa justice, a donné à la France dix-huit années de prospérité et de gloire; aussi, la parole du président Hénault, que Charles VII n'aurait été que « le témoin des « merveilles de son règne, » c'est-à-dire un spectateur inerte et indifférent, cette parole est-elle exagérée. Vous ne sauriez oublier non plus que ce fut des lèvres de ce prince que tombèrent un jour, en réponse au duc de Bourbon, ces paroles vraiment royales : « *Beau cousin,* « *vous direz ce que vous voudrez de mal de moy; mais* « *quant à moy, je n'en dirai point de vous.* »

Et nous non plus, ô Charles VII, devant vos cendres séculaires, nous ne voudrions pas dire du mal de vous. Mais, enfin, il s'agit de Jeanne d'Arc et de la reconnaissance qui lui était due.

Et c'est pourquoi, jusqu'à ce que de nouveaux documents viennent éclairer cette partie encore obscure de l'histoire, voyant d'une part Chinon ou le droit proclamé, Reims ou le sacre accompli, Orléans et Paris ou le royaume restitué; apercevant d'autre part la place du Vieux-Marché de Rouen, son bûcher et l'abandon de la victime, la main sur l'histoire des rois de Juda et sur celle des rois de France, je dirai de Charles VII qu'il reproduit, dans la succession des rois de France, l'ingrate physionomie de Joas dans la galerie des rois de Juda. Joas, l'heureux échappé du massacre d'Athalie; Joas, sauvé et rétabli sur le trône de ses pères par le grand-prêtre Joïada, et qui, ensuite, laissa massacrer, dans le parvis du Temple, le grand-prêtre Zacharie, fils de son bienfaiteur. Ingratitude sanglante, huit siècles ne suffirent point à l'effacer, et Jésus-Christ la rappelait encore : « *Le sang de Zacharie que vous avez répandu entre le temple et l'autel* (1)! »

Pareille fut la faute de Charles VII! Il n'a rien fait pour sauver Jeanne d'Arc : nulle tentative pour l'enlever par un coup de main; nulle démarche pour la racheter à prix d'argent; nulle négociation avec la cour d'Angleterre; nul recours auprès du Pape. Joas, roi de Juda, a laissé lapider Zacharie entre le temple et l'autel; Charles VII, roi de France, a laissé brûler Jeanne d'Arc entre un évêque et un roi!

Et maintenant que j'ai dit la faute, j'ai le droit d'ajouter que ce manque de reconnaissance, unique dans l'histoire des rois de Juda, n'apparaît également qu'une seule fois dans l'histoire des rois de France. Vos souverains, comme les nôtres, Messieurs, et nous pouvons, de part et d'autre, le dire avec fierté, vos souverains comme les nôtres se sont, par la délicatesse et les sentiments de leur âme, placés bien au-dessus de toutes les maisons royales!

(1) S. Mat., XXIII, 35.

Et puis, si une heure d'ingratitude, dans la maison de France, a laissé dresser à Rouen le bûcher de Jeanne d'Arc, une ingratitude semblable, chez le peuple de France, n'a-t-elle point dressé, à Paris, l'échafaud de Louis XVI? La place du Vieux-Marché de Rouen et la place de la Concorde, un bûcher et un échafaud, Jeanne d'Arc et Louis XVI, la vierge martyre et le roi martyr, c'est l'abîme d'une faute qui répond à un autre abîme, *abyssus abyssum invocat* (1)!

Puis donc qu'il y a eu faute des deux côtés, ah! les mains jointes et au nom de la douceur du Christ, Maison de France, peuple de France, permettez à deux enfants d'Israël, jaloux de votre gloire et de votre bonheur, permettez qu'ils vous demandent de réciter ensemble le *Notre Père, qui êtes aux cieux*. Dites, oh! oui, dites, en vous inclinant l'un vers l'autre : *Pardonnez-nous nos offenses, comme nous les pardonnons*.

A toi, mon pauvre peuple, je te pardonne d'avoir fait tomber la tête du plus magnanime de tes princes.

A vous, mes nobles rois, je vous pardonne d'avoir laissé brûler la plus dévouée de mes filles!

Le pardon! le pardon! Oh! que par vous il s'accomplisse, ô mon Dieu!

Qu'il s'accomplisse, afin qu'au ciel se puissent réjouir saint Louis et Charlemagne, qui *sont* de nou-

(1) Ps. XLI, 8.

veau *à genoux, priant pour le pauvre peuple et le noble royaume!*

Qu'il s'accomplisse, afin que les mains frémissantes de la France puissent, dans l'enthousiasme, achever leur mission; et les grandes choses interrompues se reprendre avec l'élan de quatorze siècles de gloire!

Qu'il s'accomplisse, afin que tous les opprimés de la terre relèvent enfin la tête, en apprenant qu'il est guéri de ses meurtrissures, *le soldat de Dieu ;* et que, sur sa poitrine, se sont rapprochées et reconnues et l'épée des Croisades et la croix des Missions!

Qu'il s'accomplisse, afin que l'Église sorte de ses douleurs; et que ses derniers jours sur cette terre, devenus des jours d'allégresse, Pie IX les doive à la France, avant que de nous quitter pour le repos et la palme qu'il a mérités dans les cieux!

Qu'il s'accomplisse donc, ce pardon, bientôt, demain, ô mon Dieu! Des millions de cœurs le demandent avec nous.

Et pour l'obtenir, c'est le sang de Jeanne d'Arc, c'est le sang de Louis XVI que nous vous présentons de nos mains suppliantes. Comme le sang d'Abel, l'un et l'autre crient : pardon et miséricorde!

Printed by Libri Plureos GmbH in Hamburg, Germany